사십계단, 울먹

# 사십계단, 울먹

원양희 시집

**전망시인선 002**   사십계단, 울먹

1판 1쇄 펴낸날 2021년 8월 10일

지은이   원양희
펴낸이   서정원
펴낸곳   도서출판 전망
주소    48931 부산광역시 중구 해관로 55(201호)
전화    051) 466-2006
팩스    051) 441-4445
이메일   w441@chol.com
출판등록   제1992-000005호
ⓒ 원양희 KOREA

ISBN 978-89-7973-547-5
값 10,000원

\* 저자와의 협의에 의해 인지를 생략합니다.
\* 이 책 내용의 전부 또는 일부를 재사용하시려면 저작권자와 도서출판 전망 양측의 동의를 받아야 합니다.

  부산문화재단   이 시집은 2021년 부산광역시, 부산문화재단
                                   <부산문화예술지원사업>으로 지원을 받았습니다.

시인의 말

나를 포함한
모든 존재들에게
건네고 싶은 말이다.

굳세어라.

2021년 7월

## 차례

시인의 말　005

## 제1부

저런 반짝임　013
사십계단, 울먹　014
맨드라미　016
절룩이는 동안　018
책장을 넘기다가　019
아주 먼 옛날에 만나요　020
다듬는 일　022
노인복지관 크리스마스　024
손바닥을 오므려 빗방울을 받아먹거나 꽃대궁의 꿀을 빨거나　026
새이　027
서사모아인　028
전망 좋은,　030
금요일의 명상　032

## 제2부

앵무조개의 나선처럼 037
달빛의 혈관 038
연못 040
섬과 새와 안개와 달과 항아리가 041
수제비 042
이면도로 044
연애 046
쌈배추 048
헤리퍼드의 생존법 049
신성한 숲 050
찬란한 바다 052
유랑, 유랑 053
싱거운 마애불 054
공진共振 056

제3부

인큐베이팅 공원　061
지상의 점묘　062
특별할 것 없는 그 뺨을　064
천문도를 그리는 밤　066
슬픈 눈　068
저 꽃살문에 닿기까지　070
달의 영혼　072
재개발 A지구　074
오금 테이프　075
쥐눈이콩　076
날마다 두꺼워지는 책　078
물의 씨앗　080
독립영화를 보고 돌아오는 밤　082

제4부

이번 봄날에는　087

오일장 모락모락　088

한때 열수熱水를 지나온　090

호루라기　092

도깨비풀　094

잠풀　095

동백 이정표　096

아코나아트　098

노랑어리연　100

골목혼　102

무료의료기 체험실에서　104

정류停留　106

눈물의 나라는 참으로 신비로웠다　107

해설 임동확_ '오래된 미래'와 인큐베이팅의 시간　109

제 1 부

# 저런 반짝임

후박나무 가지 끝
새가 쥐었다 놓은 떨림을 보다
맥문동 잎사귀에 남은
이슬의 안부를 묻다
배롱나무 우듬지 스치다
살갗 뚫고 올라올 무수한 붉음을 떠올리다
'봄날은 간다' 부르다
'찔레꽃' 부르다
거문도에 자생하는 붉은 찔레 생각다
지초芝草로 빚은 진도 홍주의 빛깔 생각다
붉다 붉다 중얼거리다
숨을 쉬듯, 하루에도 수 백 수 천
붉디붉은 죄 지을 수 있겠다 생각다
동백의 까만 씨앗을 줍다
씨앗을 만지작거리다
빈탕한데 고요히 떠돌다 사라지는
저런 반짝임이어도 좋겠다 생각다

## 사십계단, 울먹

통통통 뛰어오른다
4분의 4박자 빗방울 음표들

떠돌이 사내의 이북고향이 울고
어깨를 흔들며 경상도 아가씨가 운다

아코디언 하나로
황량한 세상을 건너는 딴따라여

그대가 옛 시절 그리며
바람통을 접었다 펼치는 동안

전깃줄에 내려앉은 새똥이
이발소와 명함집이
길고양이와 비둘기들의 발등이 젖는다

버려지고 잊혀지는 것쯤

아무 것도 아닌 거리여, 지극한 통속이여

굳세어라

빗방울 뽕짝을 듣는
사십계단 층층계가, 울먹

# 맨드라미

배꼽에서 자꾸만 피가 스며나왔다
달이 사금파리처럼 박혀 있고
삭풍에 함석지붕이 들썩였다
호롱불이 그림자를 흔드는 방
눈 어두운 할머니가
탯줄을 너무 짧게 잘랐다
허공을 도려내는 아기 울음소리
목 긴 산짐승도 울음을 뽑아올렸다
만월이 정수리 위로 쏟아지는 밤
장독대 앞 비손이 풍등처럼 떠오르고
아기 배꼽에서 피가 멎었다
흙마당 귀퉁이에는 별 부스러기 같은
풀씨 하나가 날아와 앉았다
몸을 뒤집어 배밀이를 할 즈음
아기 키만큼 자란 새파란 잎줄기 끝
피를 핥아먹은 짐승의 혀 같은 꽃이 돋아
햇살을 뜨겁게 흔들었다

핏덩이를 따라 핏덩이꽃이 온 일
할머니는 마른기침처럼 받아내곤 했다

## 절룩이는 동안

제기랄

저 복사꽃 때문이야

잠시 잠깐

수 백 수 천 분홍빛

견딜 수 없는 유혹 때문이야

그도 아니면

꽃잎의 얼굴 몹시도 궁금하여

풀쩍풀쩍 뛰어오른 씨앗 탓이야

# 책장을 넘기다가

  우주도 늙으면 이런 냄새가 날까요 젖은 장작더미 냄새가 나요 낡은 책장을 넘기자 쉼표만한 벌레가 기어가네요 뼛속까지 투명한 고독을 지닌 이여, 무수한 자간과 행간이 그대의 우주인가요 산다는 것은 이렇게 광활함을 견디는 일인가요 아무도 펼쳐주지 않는다 하여 고요하기만한 생이 어디에 있을까요 심연의 가장자리를 넘나들다 미쳐버린* 철학자의 사유를 파먹으며 누군가 쳐놓은 밑줄에서 운명애運命愛를 알아버렸나요 우렛소리 아득한 숲의 기억 아주 쬐끔씩 갉아먹고 있었나요 밤의 물음표는 너무 커요 뱃가죽을 밀며 꾸역꾸역 넘어가는 새벽의 문장 가운데서 마주쳤네요 음울한 허밍으로 쓸쓸한 곡조로 짧은 만남을 기념해요 지독히 외로운 자들끼리만 알아들을 수 있는 암호문, 오래된 주문같이 시詩를 읊어요 어느 생애를 지나 연잎 위 물방울로, 눈썹 스치는 눈송이로 해후할 수 있을까요 우리가 나누는 이 낡은 서정抒情이 어쩌면 지금 막, 우주를 울릴 지도 몰라요

\* 『유럽의 붓다, 니체』중.

## 아주 먼 옛날에 만나요

수취 불명의 적적한
우편물만 쌓여가네요
낡은 복도 지나 층계마다 놓인
화분들 곁에 가만히 몸 기대면
자잘한 식물처럼 시들어갈까요

누구에게나 무엇에게나
절명絶命의 순간 있겠지요

시간은 넌출거리는 곡선처럼
무한대로 우릴 데려갈 거에요
이제 막 드리운 햇살까지
동봉하려는 이 편지는 오늘부터
천 년 쯤 전으로 도착할지 몰라요

버들개지 고요히 떨리는
언덕에 앉아 먼 산,

먼 산의 이마를 보듯 당신,

눈부시게 저를 알아보겠지요

무덤 위로 눈발 날리고

무덤 쓰러지고

풀들이 싱그럽게 솟고

무덤자리인지 모르고 지나는 사람

드문 드문 보이는 아주 먼 옛날

그때 만나요

## 다듬는 일

시장통 한참 벗어난 모퉁이
소쿠리마다 푸성귀만 내다놓는 할머니

늘상 파는 일보다
다듬는 일에 열중이시다

나물들 속에서는
상념의 빛이 스며있는 것 같다

흙먼지 잔뿌리 걷어내고 나면
제 기운을 꺾고
수굿이 포개지는 나물들

나물 다듬는 일은
마음을 매만지는 일 같다

풀풀거리는 숨이 죽어야

무침도 절임도 되는 것

엉키고 부푼 시간
가지런히 누이며
할머니 오래 마음의 이랑 갈고 계신다

# 노인복지관 크리스마스

아이고 아기예수님이
이 추분데 우짠 일이고
하루 점두룩 빽가 벗고
이기 무씬 일이고
이불 좀 퍼뜩 갖다가
예수님 덮어디리야 되것다

아이고 그보다도
예수님을 좀 옆으로
돌려뉘야 되것구마
한쪽으로 저래 오래
계속 눕아있으마
욕창 생긴다 아이가

유리창을 통과한 햇살의 덩치만큼 일렁이며 반짝이는 먼지들, 햇살은 먼지를, 먼지는 햇살을 증명한다 백발소녀는 틀니소년을, 틀니소년은 백발소녀를 증명한다 오로지 스쳐가는

서로의 순간을 증명하는 일 애틋하다 서로를 염려하며 건네
는 농弄에 마른기침 같은 웃음소리 햇살 속으로 먼지 속으로
퍼져나간다 순간 순간 메리~ 메리~ 살아있는 모든 순간들이
생일生日

# 손바닥을 오므려 빗방울을 받아먹거나
# 꽃대궁의 꿀을 빨거나


연탄아궁이 위 꾸덕꾸덕 실내화가 말라가고 낮은 시렁 아래로 하얀 소다가루가 쏟아져 내렸다 흙마당을 가득 채웠던 채송화 향기, 사루비아 꽃대궁을 빨면 꿈처럼 꿀이 빠져나왔다

빗방울이 오기 전 바람이 먼저 비틀거리며 왔다 빗방울이 처마 끝에서 제 몸을 불리는 동안 섬돌 위에 코고무신처럼 앉아있다 뚝뚝 빗방울이 되곤 했다

계절의 크레파스 상자엔 언제나 연두와 파랑이 부족했다 하늘 구름 비 언덕 아지랑이 메아리 꿈 새… 좋아하는 단어들 가방 속에 챙겨 무작정 집을 떠나고 싶었다

두근거리는 깃털과 하염없는 발가락을 가진 새가 되고 싶었다 아무 일도 일어나지 않았던 아침에는 부러진 크레파스처럼 구석진 자리 쪼그리고 앉아 골똘했다

# 새이*

 잎사귀 넓은 나무의 아이였어라
 반짝이는 검은 도랑의 딸이었어라
 북극성 근처를 떠도는 불구의 별이었어라

 내 핏줄기들 갈기갈기 백 년쯤 가출하고 있었다 아버지 어머니가 서로를 아귀처럼 뜯어먹던 밤, 눈물에 얼굴을 씻고 철길을 걸었다 와르르 바람이 몰려들고 목젖에서 짙은 풀냄새가 올라왔다 풀의 모서리들이 정강이를 콕콕 찔러대고 짝이 맞지 않는 신발 속에선 남은 울음이 서걱거렸다 침목을 베고 누우면 깊고 아늑한 잠에 들까 목판화 같은 겹겹 능선 한 장씩 걷어내면 아버지 어머니 없는 마을이 나올까 손가락 끝 별빛을 묻히다가 밤기차의 경적에 까무룩 혼절했다 눈을 떴을 때 새이의 그렁그렁한 눈빛 속에 내가 담겨 있었다 풀벌레처럼 떨고 있는 어깨 가만히 감싸주던, 떠도는 바람 물그릇처럼 가라앉히던, 삼백 년쯤 터울이 지는


 * '언니'의 경상도 방언

## 서사모아인

태양계를 이탈해버린 지구는 어떨까
그 하염없음으로 즐겁게 방랑하는 별이 될까

누구의 딸 엄마 아내 며느리 동서 시누 올케
고모 숙모 이모 친구 선배 후배 옆집아줌마… 같은

정다움이자 괴로움,
안식이자 감옥 같은

나의 태양계를 등지고 싶을 때
나에게 꽂혀 있는 고정핀들 우두두 뽑아버리고 싶을 때
가끔 품어보는 판타지

이 모든 명명名名의 늪에서
나를 쏙 빼내어 탈출시켜줄 남자,

꼭 짚어 말하자면 TV화면으로 본

탄탄한 구리빛 근육질의 서사모아 원주민 남자

맑게 빛나는 그의 눈빛만을 굳게 믿으며
알몸으로 손 붙잡고 타잔과 제인처럼

우우우 아아아

서사모아 밀림 속을,
남태평양이 바라다 보이는 유쾌한 해변을
이리저리 풀쩍거리며 뛰어다니는
그런 즐겁고 하염없는 판타지

# 전망 좋은,

    부산 원도심 사십계단 테마거리엔 '중앙동 글래머'라는 청동 여인이 있어요 따스한 햇살 아래로 무명저고리 아래로 빛나는 젖 당당한 젖 공공의 젖 그녀의 젖은 언제든 누구든 만질 수 있어요 그녀가 전사처럼 아이에게 젖을 물리는 동안, 세계는 부풉니다 바람이 부풀고 구름이 부풀고 파란 전화부스가 부풀고 처녀들의 허벅지가 부풉니다 해마다 오월이면 마로니에 꽃송이 젖무덤처럼 부풀어 오르고 그리움에도 탱탱하게 살이 오릅니다

    문제는, 그 여인 바로 곁에 있는 건물인데요 1층은 그야말로 옛날식 다방이구요 2층 202호는 철학관이고 203호는 금은다이아몬드 매입하는 가게입니다 그럼 201호는 뭐하는 곳이냐구요? '전망'이라는 출판사에요 전에 망한 적도 있고 앞으로 전망도 없는 출판사지요 직원은 없고 전직이 시인이라는 늙수그레한 남자와 그의 아내만 종일 덩그러니 앉아있어요 출판사를 한다고 하면 다들 혀를 끌끌 찹니다 밥은 먹고 사느냐 애처로이 바라보는 눈빛들 조금씩 뜯어 먹으며 살지요 책냄

새 담배연기 시켜먹은 자장면 냄새까지… 들어오시면 좀 퀘퀘합니다 그래도 중앙동 어디쯤에서 문득 저녁을 맞거나 사람 많은 거리에서 영문 없이 울컥, 눈물 차오를 때 있으시면 한번 들러주세요 저러고도 사는데 내가 왜 못 살겠나 삶의 조그만 위안이 되실 겁니다 작명이나 사주 보실 일, 집안에 묵혀둔 패물 정리하실 일 있으시면 겸사겸사 오시면 되구요 오시는 모든 분께 반품도서 무료증정합니다 그러면 왔다갔다 차비는 그냥 빠지는 겁니다 늘 기다리고 있을게요 안녕

# 금요일의 명상

 시인이 왔다 또 시인이 왔다 평론가가 왔다 소설가가 왔다 철학자가 왔다 교수가 왔다 신문기자가 왔다 러시아유학생이 왔다 건물 주인이 왔다 택배기사가 왔다 처음 보는 아주머니가 왔다 금요일마다 폐지를 수거해 가시던 할아버지께서 그저께 밤 돌아가셨다 한다 폐지를 가져가실 때마다 연신 고개를 주억이시던 할아버지… 이제부터는 매주 자신이 들르겠다며 아주머니 살짝 눈웃음 지으신다 아주 먼 곳에서 온 미소 같다

 창가에 걸리는 절기節氣, 잎사귀들이 지고 있다 유리창을 알지 못하는 새가 날개를 부딪는다 울음소리 닮은 몇 개의 음표들 날아가고 빠르게 약박으로 울리는 바퀴소리 듣는다 지상의 현弦을 울리는 바람의 탄주는 쉼이 없고 노을빛이 가장 낮은 음계로 스밀 때까지 잎사귀들의 화음和音을 듣는다

 부딪쳐 오고 날아가 버리는 것에 대하여
 >

잎사귀 하나가 가지를 놓는* 것에 대하여


잠시 마음을 멈춘다



* 김승기 시, 「역驛」중에서

제 2 부

## 앵무조개의 나선처럼


　시간은 어떤 모습으로 퇴적되는 걸까요 가까이 더 가까이 몸 기울이면 닿을 수 있을까요 당신을 향해 허우적거려요 잎사귀처럼 물풀처럼 몸이 흔들려요 건기乾期를 지나는 중일까요 사막의 구릉을 흐르는 모래처럼 당신 곁에서 자꾸만 미끄러지네요

　지난 세월이 푸석거려요 목젖이 부어오르네요 낙타풀로 입안을 헹굴까요 언젠가 당신이 내게로 들어와 한 몸으로 산 것도 같고 내가 당신에게로 들어가 오래 비비댄 것도 같은데 아직 몇 겁의 생生이 우리를 기다리고 있을까요

　어둑한 동굴 빠져나와 미로 앞에 서 있네요 눈이 부셔요 먼지바람 일렁거려요 눈을 감아요 이런 허방이 당신과 나 사이에 있었네요 더듬거리며 한참을 휘어져 돌아가면 둥근 꼭지점에 닿을 수 있을까요

## 달빛의 혈관


성에꽃 창틀에 갇힌 하늘이다 걱정 어린 눈빛들 돌아가고 혈관이 안 보인다며 팔목을 이리저리 때리던 간호사도 돌아가고 기웃거리던 햇살도 떠나고 몸속 스미는 투명의 수액과 밤새 곁을 밝혀 줄 달빛이 남았다

동전 몇 닢만큼의 드라마가 끝나고 침상에 몸을 묻자 푸드득 날아오른다 실핏줄처럼 얽혀 있는 겨울 숲을 한동안 헤메다 죽지를 접는다 마른 가지에 앉아 가슴 떨며 검은 눈망울 깜박인다

숲이 나를 빈틈없이 바라본다

바람이 유리창을 흔드는 소리에 풋잠이 깬다 쉴 새 없이 덜컹이는 밤하늘, 이런 소란을 고요라 부를까 허공이 벼랑처럼 환하다 환자복 아래 힘없이 빠져나온 발의 남루에 슬리퍼를 신기고 남은 수액 끌어당긴다

   &gt;

유리창에 손바닥을 대자 안개 지문이 찍힌다 손톱 끝으로 안개 속에다 이름 하나 새겨 넣는다 내가 온기를 품고 잠시 지상에 머무는 이유를 알 것도 같다 나뭇가지들이 달빛을 따닥따닥 때리고 있다

달빛의 푸른 혈관이 돋는다

# 연못

구름 드리운 산등성이처럼
당신 눈동자 속 그림자가 집니다
어둡고 단단한 침묵의 빛깔이 저럴까요
수심이 참 깊어 보입니다
삶의 가장자리는 빛나도록 닳고
긴 밤 긴 새벽을 건넜을,
눈 아픈 눈 먼 심연의 주름
겹겹 쟁여져 있는 것 같습니다
그늘이 그늘 속에서 사라지듯
상처 또한 상처 속에서
지독하게 아물어 갔을까요
표면은 어떻게 깊이를 갖게 되나요
영혼의 문양은 어떻게 돋을새김 되나요
당신 눈동자 속 물결무늬
검은 시간의 암각화를 봅니다
들여다볼수록 참 쓸쓸해 보입니다

# 섬과 새와 안개와 달과 항아리가

 전남 신안군 안좌도 화가 김환기金煥基의 고향이라는 섬에서 하룻밤 지샌다 섬이라는 말이 새처럼 입술을 떠나자 잠들지 못하고 뒤척인다 쟁쟁거리는 달빛이 이불 속까지 들추고 섬에서는 젖무덤 향기가 난다 화가의 아내는 한때 한 시인의 아내였다 하는데, 살면서 생애를 거는 사랑이 단 한 번이 아니라는 것은 참으로 다행하고 아름다운 일, 새와 안개가 사슴과 구름이 달과 항아리가 섬광처럼 서로에게 빠져들 것이다 첩첩 섬들이 천 개의 젖가슴으로 달빛을 향해 솟아오를 것이다 시간이 무너지고 순간은 불멸이 될 것이다 어디서 무엇이 되어 다시 만나랴\* 천 년 만 년 몸 바꾸어 만날 인연에 아득해지기도 할 것이다 내내 흐르는 저 달빛이나 물살처럼 뒤척이는 이 몸이나 밤새 몸 속 안테나를 섬세하게 키우고 있는 것들은 아마도 간절히 닿고 싶은 곳이 있어서다 깊이 사지를 뻗으며 곁에 와 눕는 파도소리처럼

\* 어디서 무엇이 되어 다시 만나랴: 김광섭의 시 「저녁에」 중. 김환기의 작품 제목이기도 함.

# 수제비

　너에게 무얼 줄 수 있을까 생각하는 밤이다 뜨거운 찻잔이 순식간에 식는 밤이다 성에 낀 유리창이 비추고 있는 내부는 동굴 속 같다 언젠가 한 순간 한 번은 반짝거렸을 것들이다 초라한 얼굴, 허물어진 책탑, 오랜 쓸쓸함의 소굴이다 너에게 줄 수 있는 건 고독뿐 잔혹함뿐 생각이 끊어지지 않는다

　창을 열자 잠들지 못하는 커다란 눈동자가 나를 내려다본다 검은 동공 속으로 한없이 빨려들 것만 같다 기적처럼 눈目 속에서 눈雪 쏟아진다 빗줄기보다 비통하게 느껴지는 눈송이들 한 번도 겪지 못하였을 살갗 속으로 서슴없이 망명한다

　내가 닿지 못한 미답未踏의 땅에 대하여 생각한다 마음의 까치발을 세우고 애가 타게 애가 타게 흩날리며 서성이던 시간들 수백만송이 눈송이는 수백만송이 고독 눈 속의 시린 심장 시린 뼈 막막함의 온도를 알겠다 가슴에도 눈발이 쌓이는지 사각사각 그리움의 온도를 알겠다

　＞

내 몸을 꽃잎처럼 한 장 한 장 뜯어 넣고

몰캉몰캉하게 끓여내어

호호 불어가며 한 숟갈씩 떠먹이고 싶다


파랗게 얼어붙어 있을 너의 입술 속으로

## 이면도로

어느 방향으로 가야 하는지
정해져 있지 않다

보도와 차도의 구분이
명확치 않다

대인對人 대물對物
접촉사고가 잦다

한 대만 잘못 주차되어도
길 전체가 꼼짝없이 막혀버린다

다른 말로 속길이라 부른다

속길 깊숙이 오래도록
잘못 주차되어 있는 당신
>

다른 말로

물밑, 공중, 황야, 지옥이라 부른다

## 연애

빗방울이 몇 초 사이
흙탕이 된다

순식간에 자신을 놓아버리는
거침없는 낙법落法

바닥까지 캄캄하게
뒤엉켜 흐르는
빗물의 등줄기들

공룡 발자국 보러 갔다가
우연히 만난 빗방울 화석

빗방울들의 묘지

빗방울 닿자마자
제 온몸 굳혀버렸을 진흙

&gt;

흙탕이 된 빗방울이나

빗방울 품은 진흙 같은,

# 쌈배추

　모서리가 상한 밥상 앞에서 밥을 먹다 멍이 든 정강이를 본다 모서리는 어디로 갔을까 정강이는 또 어디서 부딪힌 걸까 상처들끼리 서로 멍하다 기억에 없는 시간들은 어디서 깨어지고 언제 푸르게 돋아나는지 마음의 모서리에게 눈물의 정강이에게 행방을 묻지 못하는 무디고 무딘 날들 보내었을까 살아도 산 날 아니었을까 상처란 상처 깊이 봉인한 채 생生의 순간순간을 지우며 그토록 애써 어디까지 달아나려 했던 걸까 보이지 않는 심장에는 무수한 실금 그어져 있을까 크레바스처럼 점점 더 깊이 균열되어 가고 있을까 마른 밥을 삼키다 울컥, 소스라친다 그리움이 닭살처럼 돋는다

　내 몸을 한 겹씩 한 겹씩 뜯어
　몰캉몰캉하게 삶아내어
　겹으로 겹으로 감싸주고 싶다

문득 소스라치며 떨고 있을 너를

# 헤리퍼드*의 생존법

방목하는 소 가운데
유독 추위에 강한 종種이라 한다
대부분 방목소들은
세찬 바람 불어올 때
비곗살 많은 자신의
옆구리나 엉덩이로 막으며
바람을 등진 채 걸어가다
점차 체온이 내려가
얼어 죽는 일 다반사인데
헤리퍼드라는 소들은
서로서로 어깨를 겯고
칼날 같은 바람 뿔로 들이받으며
한 걸음씩 앞으로 나아간다
혹한의 시기 다 지나도록
한 마리도 얼어 죽지 않는다 한다

*영국권의 방목소

# 신성한 숲

> 모든 전쟁과 유혈사태와 비참함은
> 인간이 다른 인간 위에
> 군림하려 하면서 탄생하지 않았던가?
> — 제라드 윈스턴리

  나비 떼 환하게 날아오르는 그 숲에게 말을 건다 환해지기까지 저토록 환해지기까지 무수히 떨어져 내린 잎사귀들 켜켜이 쌓인 젖은 이파리들 핏줄기처럼 아직 두근거리는 잎맥들 더듬다가 여린 손톱으로 나뭇가지를 뜯는다 손톱이 뒤집히고 피멍울이 돋고 더 이상 아프지 않을 때까지 뜯는다 세상 가장 나약한 방식으로 그리워한다 들릴 듯 말 듯 비틀거리는 목소리로 당신 이름 부른다 언제 꺼질지 모르는 촛불을 들고 언제 시들지 모르는 꽃송이를 들고 막막한 숲의 하늘 우러른다 슬픔을 정수리까지 덮고 잠들던 이여 어찌 찢어지기 쉬운 몸을 가졌는가 부러지기 쉬운 발목을 지녔는가 여린 살들은 어떻게 뭉치는가 이토록 깊은 침묵으로 환호하는 숲이 있을까 다시 못 볼 눈망울 다시 만질 수 없는 손가락 억누를 수 없는 힘으로 터져 나온 뜨겁고 거친 함성들 솟구치는 피울음 속에서도 빛나는 서로의 눈빛을 간직하고 싶었던 하양 곁의 하양 여린 살 곁의 여린 살 눈꽃 찬란한 그 숲에게 말을 건다

# 찬란한 바다

 손톱 밑 떠오르는 반달만 자꾸 밀어 넣는 버릇은 언제부터 생긴 거니 하고픈 말은 심장 안쪽 깊숙이 가두어 썩히면서 탁자 위 물그림만 그리고 있는 거니 버릇이 응달을 만들었는지도 몰라 마음의 툰드라를 지나는 중이니 어느 빙벽이라도 긁었는지 네 손끝이 너무 차구나 뼛속까지 시린 계절을 건널 때가 있어 불구처럼 비척이며 바닥으로 쓰러지던 몸, 우물보다 깊은 우울, 얼음의 늪* 같은 우울, 마취제를 맞은 듯 몽롱한 하루 보내고 나면 죽음이 창 너머로 가볍게 손짓하곤 했지 열대이고 싶다고 정글이고 싶다고 박쥐똥을 맞아도 좋겠다고 방울뱀 뱃속이어도 좋겠다고 뜨거움 위하여 울곤 했어 사슬이 풀리는 시간, 0°에서 얼음이 녹듯 내게로 조금만 흘러와 줄 수 있겠니 우리 함께 햇살 한 움큼씩 집어먹으며 적도 가까이로 가보지 않을래 거기서 만날 맑고 푸른,


*단테 『신곡』의 제9지옥

## 유랑, 유랑

  당신, 나의 와르다\*를 받아주실래요? 낯선 와르다 익숙한 와르다 머나먼 와르다 고운 색실로 수놓인 와르다 짜투리 천으로 만든 브로치 와르다 한 개 삼천원짜리 와르다가 삐뚤삐뚤 피어나고 있어요 귤 농장 떠나 서울로 간 오빠와르다 캐나다로 가겠다는 언니와르다 보고 싶은 할머니와르다 새 크레파스보다 새 스케치북보다 집이 그리워요 빨래가 펄럭이는 골목과 계단, 갈짓자 길이 있는 언덕, 올리브나무 숲을 빠져나온 먼 곳의 바람이 여기까지 불어올까요 폭음에 날아간 지붕과 총성과 피비린내 잊을 수 있을까요 망가진 세계에서도 와르다는 피어나겠지요 살와\*\*의 커다란 눈망울 속 검은 와르다가 떨고 있어요 검은 풀밭 검은 해변 검은 파도 검은 달 살와의 스케치북은 온통 검은 슬픔으로 가득해요 번진다는 건 이런 걸까요 거뭇거뭇 내 몸에도 와르다가 필 것 같아요 옷핀에 찔린 듯 심장이 따끔거려요 슬픔의 독을 핥아먹으며 당신에게로 가는 길, 유랑, 유랑

  \*예멘어로 '꽃'  \*\*예멘 난민 소녀의 이름

# 싱거운 마애불*

경주 남산 용장골 오르다 보면

별의별 부처 다 만난다

머리통 잘려나가도 굽히는 법 없는

소신 있고 늠름한 부처

근사한 가사적삼 두르고

보살들 깨나 울렸을 부처

돈 줄래 딱밤 맞을래 손 내미는 부처

시멘트로 양악을 고친 부처

단정히 합장한 채 구름 타고 승천할 듯

하늘하늘 옷자락 날리는 부처

돌을 쪼아 부처를 만드는 것이 아니라

돌 속 부처를 드러내려 했다는 신라인들

그 마음처럼 돌 속을 나투는 부처들

그러다 만난 참 특이한 부처

부처라 하기엔 영 시원찮게 생긴 부처

치켜 올라간 눈은 웃는지 우는지

너부데데한 얼굴에 두툼한 입술

올려다볼수록 싱거운 아저씨처럼 푸근하다

그래 그런 부처도 있을 것이다

평범하여 없는 듯 살다가

어수룩 모자란 듯 살다가 성불成佛하는

그래 그런 사람도 있을 것이다


* 삼릉계곡 선각여래좌상(경상북도 유형문화재 159호), 사람들이 '남희석 (개그맨) 마애불'이라고도 부른다.

## 공진共振

고성서 통영 방향 지나다
갑자기 운전석이 앞으로 푹 꺾이는가 싶더니
자동차는 더 이상 내달리지 못하고
덜덜 떨고만 있습니다
아래로부터 몸이 떨려옵니다
차 안을 나와서도 몸은 계속 떨립니다
수평선도 없이
첩첩 섬 위로 바다가 떠 있습니다
허공으로 열려 있는 바다
섬들이 흐느끼듯 날개를 폅니다
섬은 본디 새였던 걸까요
물속을 천천히 걸어 나온 물새들
해무海霧 속 가늘게 젖어드는 것들 등에 업고
어스름 푸른 빛 속으로 데려갑니다
아직 남은 어둠이, 아니 환함이
어미를 잃은 새끼새처럼 떨고 있습니다
등 푸른 공간입니다

등 시린 시간입니다

그저 바라보는 것만으로 눈물겨운 일을 알겠습니다

나는 본디 무엇이었기에

새의 깃털처럼 떨리는 걸까요

수천 겹 겹쳐지는 이 연緣의 신비를 알 수 있을까요

잡목숲이 이내 비늘처럼 떨립니다

제3부

# 인큐베이팅 공원

할머니는 의자를 기르는 모양입니다 손바닥으로 내내 쓰다듬으며 무어라 말을 건네면 의자는 순한 짐승처럼 귀를 기울이네요 의자는 나비를 기르는 모양입니다 나비가 발가락을 오므리며 지친 날개를 접는 동안 말없이 가만히 등을 내어 업어주네요 나비는 배롱나무를 기르는 모양입니다 여윈 가지 사이 이리저리 토닥토닥 잦은 안부를 묻네요 배롱나무는 공중을 기르는 모양입니다 몸속 가득 꽃망울 간직한 잔가지들이 공중을 쉼없이 간질입니다 공중은 분수를 기르는 모양입니다 물방울들 반짝거리며 사방 흩어집니다 물방울들은 공원을 기르는 모양입니다 촉촉해진 공원은 아기처럼 옹알거립니다 봄날의 심장이 익어갑니다 봄날의 어깨가 익어갑니다 바람이 꽃씨를 품고 저만치 달아납니다 어여쁘고 환한 것 하나 몰래 기를 모양입니다

## 지상의 점묘

물푸레나무들이
햇살을 비질하고 있어요
하르르 하르르 흩어지는 빛살들

간지럼을 타며
몸을 뒤집는 잎사귀들
올려다보고 있으면 온몸에
빛의 부스러기들 녹진하게 달라붙어요

생生은 이쯤에서 아주
느린 테엽으로 감겨도 좋겠어요

한없이 약하게
한없이 부드럽게
스치고 이어지는 기척들

우리는 모두 부스러기

\>

서로에게 말을 건네기 위해

무수히 태어나는 것들

다가오는 온유한 속삭임

오래 기다린 듯 귀담아 듣고 싶어요

기도 없이 그리움 없이

환한 점묘 속으로

이 몸 물끄러미 내맡겨도 좋겠어요

## 특별할 것 없는 그 뺨을



창을 닦는다
뚝뚝 떠나는 목련을 닦는다
쉽사리 혹은 부드럽게 경계를 지나는 것들

오, 투명함이여

망망茫茫의 길 지나는 이 짧은 동안
가진 것 없는 내가 무엇을 줄까

여름이 와 장미가 필 때까지
노간주나무 열매들이 다 익을 때까지
그런 맹서 없이
그런 기약 없이
순간에 응답했어야 했다

더 자주 더 깊이 무너졌어야 했다
  >

알록달록 장식처럼

무수한 레테르 달고 서로를 잃어가는

웃고 떠들고 공허한 세속에서

어떤 레테르 없이

타고난 대로 있는 그대로

나를 살게 하는 얼굴들

맑게 닦아주고 싶다

함께한 날들만큼 쌓인

고단함과 쓸쓸함의 먼지

가만히 털어주고 싶다


어떤 환상도 없이

특별할 것 없는 그 뺨을,


천천히 어루만져주고 싶다

무명처럼 순한 빛깔로 웃어주고 싶다

# 천문도를 그리는 밤

　문구점에서 아이는 한사코 야광 별스티커를 고집합니다 덕분에 뒷목 뻐근하도록 천장 가득 별스티커를 붙입니다 불을 끄자 아슴아슴 밝아오는 별빛들, 난생 처음 보는 별자리들을 가리키며 아이는 팔짝팔짝 뛰어오르고 나는 그만, 먹먹해집니다

　천문학자 아니면 점성술사가 되고 싶었습니다 까만 홑청에 계절을 수놓던 별자리들, 한밤 깨어 차가운 물에 얼굴을 씻고 올려다보면 온통 일렁이며 다가와 가슴 깊은 바닥까지 은하로 물들이던 성신星辰들, 별의 운행과 인간의 운명에 대하여 아주 오래도록 궁구해 보고 싶었습니다 슬픔을 잊고 밤하늘을 두근두근 바라보곤 하였습니다

　저 빛의 소용돌이, 애초에 우리가 거기서 왔고 언젠가는 돌아가야 할 묘혈墓穴, 잃어버린 꿈처럼 아득히 잊고 지냈나 봅니다 몸 속 별부스러기들이 깨어나는 것 같습니다 나비별 주전자별 물고기꼬리별 젖꼭지별 팬티별… 별과 별을 이어 천

문도를 그리는 밤, 배꼽을 잡고 쿡쿡거리는 아이 곁에 나란히 누워있는데 귓바퀴 너머로 눈물이 별똥처럼 떨어집니다

## 슬픈 눈

쌍꺼풀 갖고 싶다
내내 조르는 딸아이의 눈

북방계 몽골로이드 특유의 외꺼풀
서늘하고 튼튼한 능선이다

광활한 벌판의 모래바람과
설원雪原의 눈부심과 혹한을
견디기 위해 획득된 유전형질이다

흰까마귀의 뼈로 부적을 삼고
시베리아 캄차카 반도 지나
얼어붙은 베링해를 뚜벅뚜벅 걸어갔을,

길을 여는 바람이나
구르는 천둥 같은
세계의 이름을 달고

깊이 귀 기울이는 것이
가장 큰 지혜임을 알았던,

예지의 숲 향하여
아득히 일렁이던 눈이다

그럼에도 열성의 유전자인,
딸아이 마음에 도무지 들지 않는,

제 눈의 신성한 이력을
모르는 눈이다

## 저 꽃살문에 닿기까지

연화대 미륵불 앞에서
한 가지 소원만 빌어야 한다는데

어머니를 생각다
남편, 아이 생각다

고요히 흔들리는 촛불들
하나하나 불 밝힌 이들의 원력願力을 생각다

단 하나 소원 빌지 못하고
대웅전 앞마당 보리수 아래 앉는다

사방연속 꽃살무늬
탈색된 세월의 빛깔 더듬다

저 꽃살문에 닿기까지
간절하였을 마음자락들 더듬다

\>

어쩌면 고만고만한 슬픔이

서로 다독여줄 만큼의 통증이

참 고맙고 다행多幸한 일이란 생각 든다


다시 법당 안으로 들어가

빙긋이 웃고 계시는 미륵부처님께

크게 삼배 올린다

## 달의 영혼

잔금들 위태로이
가지를 뻗고 있는
여관 담벼락

달방
있습니다

드문드문 달빛이
창을 물들이고 있다

오랜 실업의 달이
가산을 탕진한 달이
천지간天地間 고독한 달이

줄줄이 소주병 비우고
웅크린 잠을 자고 있을까

&gt;

집나간 별을 찾아

달방을 전전하던

한 영혼을 안다

깊고 어두운 분화구噴火口를 지닌,

# 재개발 A지구


 싱싱한 빨랫줄처럼 넌출거리던 햇살 식어들어요 바람은 어쩌다 다급한 벽을 만났을까요 유리조각 박힌 담벽 위 풀꽃이 흔들려요 허물어진 집과 허물어져갈 집들 사이 어스름 먼지 속에서 벼랑을 생각해요 모래알들 서걱서걱 늑골 아래로 쌓여가요 수평선을 지우며 날마다 조금씩 교각이 자라나요 포크레인이 육중한 아가리로 모래더미를 뱉어내면 바다는 조금씩 뭍이 되어요 저리 몸을 상하는 것이 뭍과 바다의 일만도 아니겠지요 낡은 철조망 위에서 서커스를 하는 고양이, 허리가 무릎까지 접힌 채 모과나무 아래를 지나는 할머니, 부르튼 발가락으로 모여든 비둘기들, 캄캄하게 곤두박질치는 누에나방, 가만히 꽃잎을 접는 수선화… 뭍의 살이 깎여나가고 바다가 제 몸을 뭉텅뭉텅 잃어가는 동안 다가올 어둠의 풍경은 더욱 가파를 거예요 불안한 잠들이 두근거리는 창문, 골목은 밤새워 속앓이를 하고 사라진 벽들로 환상통을 앓을 겁니다 가로등은 눈이 멀고 달빛은 연골처럼 닳아질 거예요

## 오금 테이프

나무를 자르는 건

자라나는 다음 세대의

다리를 자르는 거라고

노랑 초록 테이프

무릎에 두르고 거리를 나서는

환경캠페인 사진 본다

2주간 동계올림픽

활강 경기장 위해

수백 년 뿌리내려온 나무들

한꺼번에 베어지고

함부로 밀어버린 머리마냥

흉측해진 가리왕산 본다

신갈 들메 눈잣 고욤…

이름 부르면 와르르

품속으로 달려들

자식들 다리라 생각하면

어찌 그리 베어낼 수 있을까

# 쥐눈이콩

갓 지은 밥알 속에서
그녀가 반짝, 빛난다


앞머리를 자른 모습이 미래소년 코난을 닮았던
월든을 읽고 녹색평론을 읽고 이반 일리치를 읽던
옷이건 신발이건 '아름다운 가게'에서만 구입하고
언제나 걸어다니며 월 20만원으로 도시생활을 꾸려가던
무얼 먹을까 어떻게 살까
체제로부터 자유로울 수 있을까 고민하던
아버지 오빠 고양이 주변의 인연에 대해
차마 연민을 떨치지 못했던

그녀가 전남 장흥 시골 마을로 귀농했다

시골집 앞마당 시멘트를 뜯어내고
흙마당으로 만드는 데 여러 달
톱밥 채운 생태화장실 만들고

삭힌 유기비료로 작물 키우며
경칩에 가족이 되었다는 강아지 경칩이와
사는 모습 간간이 전해 왔다

가을장마에 깨를 말리지 못해 애태웠다고
이상기후 때문에 농사짓기가 점점 힘들어지지만
그래서 더욱 농사짓기를 떠날 수 없겠다고
적어 보낸 엽서와 수확물이 적어 조금밖에
못 보낸다는 노란 봉투 속 쥐눈이콩

보며 먹으며 나는 떨린다

생각한 대로 마음먹은 대로 산다는 것의
무거움과 가벼움을
길고 오랜 노동의 고됨과 영성을
이 작은 콩에 담긴 그 무수함을 생각하니

# 날마다 두꺼워지는 책

알바트로스 아메리카흰두루미 회색늑대 대모거북 재규어 개개비새 맨섬슴새 인도비단뱀 짖는원숭이 향유고래 흰긴수염고래 개미핥기

나는 아가미와 지느러미로 부빙浮氷 아래를 헤엄쳐 다녔다

쌍봉낙타 나일악어 오두앵갈매기 금빛잉꼬 아프리카타조 플로리다퓨마 갈라파고스펭귄 유타마멋 초록앵무새 띠꼬리비둘기 캥거루쥐 캘리포니아콘도르 로터스파랑나비 리들리바다거북

나는 거친 배를 쓸며 덤불숲을 샅샅이 기어 다녔다

진주홍합 투구코뿔새 해달 혹등고래 몽크바다표범 긴팔원숭이 가젤영양 늪사슴 사향노루 친칠라 부채꼬리딱새 연한등딱지거북 따오기 갈고리부리솔개 살쾡이 군함새 상아부리딱따구리 갈색펠리컨 플로리다바다소 캐나다기러기 흰족제비

마도요 쿠거

  제네바에는 멸종위기의 생물종을 기록하는 책이 있는데 날마다 두꺼워져 이제 들기조차 힘들다 한다 아득한 날 거슬러 오르면 모두 한 몸 한 피붙이였던, 비명의 활자, 찢겨진 심장의 구두점, 죽어간, 죽어가는, 불러볼수록 시리고 아름다운 '나'의 이름들, 빼곡하게 담긴 책이다

# 물의 씨앗

저, 목어木魚
시골 폐가의 몸이었다 한다
집이었기 전에 나무였고
나무였기 전에 씨앗이었을 물고기들
잎사귀를 지느러미처럼 울렁거리며
하늘바다 유영했을까
바람이 문설주를 스칠 때
웅웅웅 물소리 내었을까
어느 살, 어느 결을 따라
마른 뺨 스쳤을까
잠시잠깐 눈빛들 마주쳤을까
사람의 온기 떠나고
오롯이 고요에 잠겼을 때
몸 속 깊이 간직한 물의 씨앗 알았을까
물고기들 몸에는
사막의 모래무늬와 대양의 물결무늬가
굴곡진 힘으로 새겨져 있다

수 천 년 건너온 씨앗이다

거듭 태어나는 힘이다


환하게 헤엄쳐가는

저, 목어 떼*



* 부산 원도심 인문학북카페 <백년어서원>에 가면 몰려다니고 있는
  100마리의 목어 떼를 만날 수 있다.

# 독립영화를 보고 돌아오는 밤

인문학 북카페에서 세 편의 독립영화를 보고
그 두 배 만큼 시간 동안 술을 마시고
빈 골목 어두운 미장센 속으로 들어선다
촉수 낮은 별들은 벌써 길을 잃었고
내 발걸음도 헤매인 지 오래,
세계는 한없이 기울고 있다
한 프레임씩 끊어지는 기억들
밤그림자처럼 흔들리는 통증의 몽타주들
짐짝처럼 이고 온 생生의 무게로
고꾸라질 듯 비틀거린다
독립이라니 자유라니 간절한 말 무시무시한 말
단 한번 온전히 살아본 적 없는 말 허공에 펄럭인다
담벼락에 흐드러진 능소화 저 당당한 시퀀스처럼
무엇도 눈치 보지 않고 무엇과도 비교되지 않는
오직 내 안 깊은 곳에서 차오르는
충만감으로 전율해 본 적 있었나
쓰레기 더미를 뒤지는 짐승의 형형한 눈빛 같은

골목 안 아직 살아남은 구멍가게의 불빛 같은
매서운 고독이라도 힘껏 안아 볼 용기 있었나
독립군처럼 몰려다니는 바람의 어깨를 늘어지게 잡고
자꾸만 기울어지는 세계의 균형을 잡으려 안간힘을 쓴다
골목은 엔딩 없는 줄거리처럼 이어져 있다

제 4 부

# 이번 봄날에는

굴러다니는
쓰레기처럼 살겠다

멍하니
하루, 이틀, 사흘 보내겠다

무엇이든
하염없이 바라보겠다

길게 침묵하겠다

막막이나 적적 사이
몽롱이나 몽유 사이
나른나른 풀어지겠다

내가 봄날인지
봄날이 나인지

## 오일장 모락모락

똑똑 계십니까

알뿌리 식물 화분 속

숨어있는 봄을 노크합니다

이태리타올과 파리채 사이

천 원짜리 몽상에 잠겨요

고무튜브를 누르면 또각또각

달리는 말의 심장이 될 수 있고요

맥고모자에 키높이 깔창에

만능 맥가이버 칼까지 차면

빠바방~ 황야의 무법자이지요

눈 맑은 이국 처녀가 권하는 쇼올을 걸치고

기하학무늬 천연나이롱 몸빼바지

가슴아래께까지 끌어올리면

시대를 앞서가는 패셔니스타에요

국화빵처럼 빙글빙글 돌아가는

무용수가 되어도 좋겠어요

민소매 원피스처럼 펄럭이다

통돼지 바비큐처럼 익어가는 몽상들
키 낮은 천막 아래
처음 보는 이의 눈부처로 들어앉아
뽀얀 면발 한입 가득 물어 올리면
헛헛했던 속 뜨끈하게 차올라요
웃음소리 막걸리 사발 위로 넘치고
모락모락 세상의 창자들이 데워집니다

# 한때 열수熱水를 지나온

방문 앞에서부터 지린내가 난다
꺼질 듯 흔들리는 눈빛으로
보신탕만 찾으시는 시부의
바짓자락이 자주 흥건해진다
결핵의 흔적을 간직한 시부의 폐는
한때 열수熱水를 지나온 돌처럼
딱딱하고 구멍숭숭하다 한다
산소통에서 흘러나오는 공기방울들이
실낱같은 호흡을 이어주고 있는 방
세상 가장 무거운 바지를 벗긴다
젖은 옷을 벗고
새 옷으로 갈아입는 일
한없이 길고 고단하다
기억마저 식어가는 시간
흑백 사진 속 젊은 시부의 눈빛은
잃어버린 모양처럼 부리부리하다

>

입구에서부터 터럭 태우는 냄새가 난다

그을린 가죽들 둥근 갈빗대들이

낮은 차양을 바싹 끌어당기고 있다

컹컹 질주하였을 살들의 마지막 정처

낯선 얼굴을 마주하여도

오로지 침묵하는 철창 너머 눈빛들

어두운 장바닥 위를 어른거린다

세상 가장 무거운 냄비 속

힘차고 괴로웠을

뜨겁고 쓸쓸하였을 생生이 출렁인다

골목의 목젖이 매캐해진다

# 호루라기

바람 빠져나간 왼발이

운동장을 질질 끌고 있다

언제부터 바람을 가두었을까

수없이 피고 졌다는 보따리꽃

밤이면 꽁꽁 오므렸다

아침이면 펼쳐지고 마는 보따리꽃

눈 까만 새끼들 쳐다보며

하루치 바람 꼭꼭 여몄을까

방바닥에 핀 머리카락꽃

속살 깊이 돋아난 피멍꽃

흐느낌 흐느낌 꽃밭

생生의 몸피 안으로 들이치던

그 숱한 바람으로도

깃 퍼덕이며 날아오르지 못하였으니

무겁고 팽팽해진 바람이

왼쪽을 박차고 나가버렸나

속 깊이 울어줄 언덕배기 하나 없이

홀로 나부끼던 날들

귀청 때리는 바람 속에서

비명 같은 호루라기 하나 몰래 삼켰을까

어머니 숨소리에서 낡은 호루라기 소리가 난다

# 도깨비풀

걷다보니 강의 끝자락이다 어느새 물살은 많이 느려져 있다 억새밭이다 억새는 무더기로 피어 함께 흔들리는데도 황량해 보인다 헛것을 사랑하고 헛것에 애태우고 헛것마저 잃어버린 내 마음 같다 흐려졌다 맑아졌다 마음이 만들어내는 풍경은 믿지 않는 것이 좋겠다 한 계절 살아내며 저 손짓하는 저 끄덕이는 것들의 여위어 감을 경외할 뿐, 외마디 소리를 지르며 수면 위로 날아오르는 새 떼, 개벽開闢하듯 놀라운 소리를 낸다 저리 힘찬 순간을 살 수 있을까 내 안에 갇혀 있던 비명도 빗장을 풀고 터져 나오려 한다 진흙 속에 음각을 새기고 있는 발자국들 발보다 가벼운 날개 날개보다 무거운 발 내게 있는 것보다 내게 없는 것에 언제나 목메었을까 물결 위 반짝임에 눈이 찔린다 꼼짝없이 흘러가는 것들 오체투지 기어가는 것들 무수한 것은 무수한 대로 제 길이 있는 것을 내게 발이 있어 걸어온 길 멀리까지 뒤돌아본다 그러나 어찌하여도 가시지 않는 쓸쓸함으로 휘휘 흔들리다 돌아온 늦은 밤 너와 마주친다 무한 우주 속 하필 내 옷자락을 물고 여기까지 따라온,

# 잠풀*

 드리워진 나뭇가지들의 각도 때문에 달빛이 서러워 보이는 걸까 몸을 오그리는 꽃잎은 언제부터 달빛에 민감하였을까 새가 떠난 잔가지가 가늘게 떨리고 있다 저렇게 아무렇지도 않게 누군가를 울리는 일도 있을 수 있겠다 검은 덤불 속을 바라보면 그 속에 끔찍한 것이 감추어져 있을 것 같은 무섬증이 좀체 사라지지 않는다 덤불 속에는 어떤 따스한 빛깔이 어떤 순한 짐승이 살고 있을지 모르는데, 예전 그 사람도 나는 저 덤불 속처럼 두려워 다가가지 못하였을까 잠들지 못하는 시간 가만 가만 부려놓으며 밤의 산책은 길어진다 이따금 목소리를 잃은 인어공주처럼 슬퍼질 때가 있다 미처 건네지 못한 말 영원히 건넬 수 없는 말 내가 아프고 답답했던 만큼 아프고 답답하였을 그 마음을 가늠해 본다 빈터에 이르자 몸속으로 무언가 통과해 가는 느낌이 든다 몸과 마음이 투명해지는 것 같다 원망 없이 억울함 없이 안온한 잠에 들 수 있을까 내가 순간순간 부끄러워했다는 것이 위로가 되는 밤이다

---

* 잎을 건드리면 시든 것처럼 잎을 모은다. 그 모습이 부끄러움을 타는 듯 하여 '함수초含羞草'라고도 불린다.

## 동백 이정표

때로는 낯선 길이 편하다
길의 이정표는
핏방울처럼 맺혀 있는 애기동백이다
먼지바람 일렁이는 길을 따라 쿨럭이며 걷는다

강물 위로 노을이 몸을 부려놓으면
온통 붉어지는 목숨들
새들은 뜨거워진 심장을 식히려
잠시 물 위로 내려앉는 걸까

다시 날아오르는 새들의 군무群舞 따라
하늘 끝 땅 끝까지 묻어나는 붉디붉은 이야기
떠돌아다니고 싶어서
미치도록 떠돌아다니고 싶어서
한없이 울었던 사연까지 툭툭 불거져 나온다

젖은 꽃잎을 보듯

흐르는 강물을 보듯
그대를 볼 수 있을까

나무가 꽃잎을 놓듯
강이 물살을 놓듯
그대를 놓을 수 있을까

물버들 젖은 발목 같은
새들의 물발자국 같은
오직 순간을 사는 순한 것들의 안부를 묻는다

바람이 불고
애기동백이 소리 없이 절명絶命하는 저녁이다
아득히 휘어진 길을 따라 쿨럭이며 걷는다

# 아코나이트*

　물빛이 흐려집니다 다시 볼 수 없다는 생각이 눈을 멀게 합니다 생각이란 놈은 참 지독합니다 놈의 머리를 단칼에 내려치지 못하면 일생을 잡아먹히고야 말 겁니다 호숫가 길를 걷습니다 매일 산책로를 오가신다는 분이 말씀하십니다 가끔 호수 속으로 걸어 들어가는 사람이 있다고요 어쩐지 수면水面이 오랜 침묵처럼 견고해 보입니다 가지 끝을 물가에 드리운 나무의 자세도 심상치 않습니다 자신이 품은 이들의 비밀을 지켜주고 싶은 호수의 마음을 알 것 같습니다 모든 시간을 호수 속으로 끌고 들어간 사람의 마음도 알 것 같습니다 한참을 걷다 보니 아무것도 모를 것 같습니다 하루살이들의 하루가 치열합니다 소꿉장난 같은 삶 우주만큼 슬픈 삶을 생각합니다 긴 호수 끝에 조그만 절집이 있습니다 남은 자들의 일이란 그런 것이겠지요 쓸쓸한 향기가 납니다 눈을 감고 환幻을 봅니다 하나의 환이 몸을 사로잡습니다 어른거리는 틈으로 빛이 납니다 몸서리치게 환한 시간입니다 새파랗게 돋아나는 시간입니다 시들지 않는 식물은 어떻게 해야 할까요 눈 속에서 새로이 자라나는 식물이 있을까요 독毒을 독으로 사랑을 사랑으로 그런 동종요법 같은 운명이 있을까요 멀고 먼 길을 돌아 다시 스친다면 서로를 알아볼 수 있을까요 아아 생각을 지우고 감았던 눈을 뜨면 물빛이 맑아질까요


* 인간의 눈을 닮은 식물, 안질치료의 약재로 쓰임

# 노랑어리연

철교 아래 강줄기가 노랗게 빛난다
조금씩 서로의 몸을 밀며 떠내려가는 꽃잎들

초경을 하고 주근깨 핀 얼굴로
신발공장 갈 거라며 이파리 같은 손 흔들던 계집애

노랑 분홍 편지지 사이 꼬깃꼬깃 접힌 세월
삼랑진으로 시집 가 딸기농사 짓는다는 소식 듣고도 한참,
삼십 년 훌쩍 지나버린 시간의 여울

눈빛 가득 서로를 단박에 알아봤을 때
간이역 낡은 역사驛舍가 놀라 짧은 기적소리를 울렸다

몇 대 기차가 소실점 너머로 사라지는 동안
물억새의 등뼈를 툭툭 분지르며 지나가는 이름들

변變과 불변不變 사이

까르르 흩어진다 눈물 난다
바람 속에서 잘 익은 과육 향기가 난다

아득히 휘어지는 물길 따라
무구하게 태어나는 씨앗들,
어디로 흘러갈지 모르는 물 속 구근들

## 골목혼

한 시절
점집과 유곽으로 빼곡하였다는
골목 지난다

양철 입간판 벗겨진 속살에서
붉은 녹내가 난다

깨진 화분 사이
화장기 짙은 벽화들 사이
먼지들이 떠돈다
덧칠을 해도
가려지지 않는 얼룩들

골목이 웅얼거리기 시작한다

뒷덜미를 간질이는
집요한 복화술

\>

고무대야 속 댓잎 같은

뻣뻣한 설움이

몸속을 파고든다

그림자들이 천천히

몸의 각도를 바꾸는 동안

악취 견디며 안간힘으로

쓰레기봉투를 뜯고 있는 고양이

절망의 끈끈이에 붙어있는 희망

골목을 떠나지 못하는

진득진득한 혼魂에게

잠시 붙들린 것도 같다

## 무료 의료기 체험실에서

칠순의 어머니
출근부를 찍으신다는
무료 의료기 체험실

고객 미끼 사은품
나노세라믹 팔찌에 눈이 먼
어머니 손에 이끌려
할머니들 틈에 끼어 앉아
건강박수법 배운다

유치원생처럼 답하고
광신도처럼 손뼉 친다
세상사 시름 까맣게 놓고
아랫배 두들기며 큰소리로 하하하

웃으니까 우습다
웃으니까 눈물 난다

\>

무료라는 말 속에 숨은 계산 많으나
날마다 성업盛業이라는 이유,
터무니없는 가격에도
고쟁이 속 지갑 열고 마는
할머니들 마음 알 것 같다


쿵짝 쿵짝 쿵짜짜 쿵짝
네 박자에 실려
멀리멀리 떠내려가는


당신들의 풍랑몽風浪夢

# 정류 停留


버스를 기다리다, 어느 순간 사라진 육교를 생각는데, 훌쩍 떠나버린 친구를 생각는데

정수리 위로 톡,
은행 한 알 떨어졌다

어떻게 열매의 이력을 물을까

떨리는 숨결이었을, 날개였을, 맨발이었을, 열매를 스쳐간 무량무량을

고생대부터 퐁당퐁당 길을 건너 내게로 온몸 부딪쳐 온 한 알, 몸 굽혀 줍는 사이

성큼 어두워지는 거리

우주정거장을 돌아온 버스 한 대, 환하다

# 눈물의 나라는 참으로 신비로웠다*


 별들이 커다랗게 보이는 곳입니다 별빛이 우렁우렁 소리라도 칠 것 같습니다 더 바랄 것 없는 밤입니다 뺨을 스치는 바람은 어디를 지나 어디까지 가는 걸까요 아주 먼 곳의 꽃향기도 맡을 수 있을 듯 합니다 흐르고 흐르는 것 무한함을 생각하면 언제나 눈물이 났습니다 이 끝없는 허무 이 끝없는 사랑스러움을 무어라 해야 할까요 속 깊이 박혀있는 슬픔을 꺼내봅니다 이제 이 슬픔도 천천히 흘러가게 하고 싶습니다 멀리 스러져가는 별들의 행적은 누가 알까요 아득히 되뇌어 보는 이름도 닿을 곳이 없습니다 그리움은 참으로 고되고 참으로 벅찬 일입니다 겨울 은하수만큼 어둡고 환합니다 쓸쓸하게 지내온 날들을 생각합니다 그래도 더 가벼워져야 되겠지요 그래도 사랑을 멈출 수 없겠지요 차갑고 막막한 밤을 지새우는 일에 대하여 호수에게 말을 건네고 싶습니다 밤새 쩡쩡 얼음 우는 소리를 듣습니다


*생텍쥐페리 「어린 왕자」 중

해설

# '오래된 미래'와 인큐베이팅의 시간

임동확(시인, 한신대 교수)

　천성적으로 좀처럼 자신을 드러내지 않는 '수줍음Scheu의 덕성'의 소유자인 원양희의 시선(視線/時線/詩線)은 이른바 '무위자연無爲自然'한 '오래된 미래'로 향해 있다. 얼핏 미래의 우위에 주목하기보다는 그녀의 시선은 "멀고 먼 길을 돌아 다시 스"치며 "서로를 알아보는" "시간"(「아코나이트」), "애기 동백"을 "이정표"로 하여 "새들의 군무를 따라 아득히 휘어지는" "낯선" "길"(「동백 이정표」)로 이어져 있다. 계량할 수 있는 일상적 삶의 시간이 아니라 끊임없는 사이, 여전히 "거듭 태어나"게 하는 "굴곡진 힘"이자 "수 천 년 건너온" 생명의 "씨앗"(「물의 씨앗」)을 품고 있는 하나의 근원적 시간을 향해 있다. 언제부턴가 "길고 긴 새벽을 건너왔을" "눈 아픈 눈 먼 심연이 주름"이 "겹겹이 쟁여져 있"으며, "영혼의 문양"이 "돋을새김"되고 있는 "검은 시간의 암각화"(「연못」)가 바로 그녀의 눈길이 골똘히 머물다가곤 하는 자리다.

따라서 원양희에게 시간은 과거, 현재, 미래 또는 미래에서 현재로 거쳐 과거로 흘러가는 순차적인 것이 아니다. 서로가 서로에게 통합된 '동—시적인 것das Gleich-Zeitgen'으로 나타난다. 다가오는 미래와 지나가버린 과거가 역설적 결합 속에서 "퇴적"된 채 "둥근 꼭지점"(「앵무조개의 나선처럼」)을 이루고 있다. 특히 끊임없이 "변變과 불변不變 사이"를 왕래하는 "시간의 여울" 속엔 "무구하게 태어"나고 "사라지는" "씨앗들"(「노랑어리연」)이 잠자고 있으며, 문명전환을 기대하는 놀랍고 힘찬 "개벽"의 "순간"(「도깨비풀」)이 내장되어 있다.

달리 말해, 원양희의 관심사는 근본적으로 사람들의 삶을 균질화하고 통제하려는 근대문명의 선분화되고 계량화된 시간이 아니다. 끊임없이 자본주의적 중력이나 관성에서 벗어나려는, 자율적인 속도와 리듬을 가진 '곡선' 운동의 모습을 하고 있는 시간이다.

> (…)
> 시간은 넌출거리는 곡선처럼
> 무한대로 우리를 데려갈 거에요
> 이제 막 드리운 햇살까지
> 동봉하려는 이 편지는 오늘부터
> 천 년 쯤 전으로 도착할지 몰라요

(…)
무덤 위로 눈발 날리고
무덤 쓰러지고
풀들이 싱그럽게 솟고
무덤자리인지 모르고 지나는 사람
드문 드문 보이는 아주 먼 옛날
그때 만나요

—「아주 먼 옛날에 만나요」 일부

여기서 "넌출거리는 곡선"은 불가역적이고 일회적인 직선의 시간이 아니라 반복적으로 회귀하고 스스로 갱신하며 "무한대로 우리를 데려"가는 시간의 원환적인 순환 운동을 가리킨다. 또한 그것은 "이제 막 드리운 햇살"을 "동봉"하는 "오늘"의 "편지"가 "천 년 쯤 전으로 도착"하는 도착된 시간의식과 맞닿아 있다. 그리고 이때 과거의 시간은 더 이상 휴지와 정지, 중단과 경화硬化 등 부정적이고 퇴행적인 의미를 갖지 않는다. "무덤"으로 대변되는 과거에 그 기반을 두되, 그 "위로" "눈발"이 "풀들이 싱그럽게 솟"는 자유로운 현재로 나타난다. 동시에 그게 "무덤자리인지"도 "모르고 지나"가는 즐거운 미래로 현현한다. 해방된 과거의 시간 속에서 분열된 시간을 벗어나 힘차고 자유로운 생명이 꿈틀을 보여주는 시간이 바로 "드문 드문 보이는 아주 먼 옛날"의 시간이다.

하지만 이러한 과거와 미래의 역설적 결합 혹은 과거로 돌아가면서 새로운 미래로 나오는, 이른바 '입고출신入故出新'의 시간의식은 결코 무갈등하고 무고통한 상태에서 오지 않는다. 오히려 자신의 현재적 삶이 "오래도록/잘못 주차되어 있"는 것과 다름없으며, "다른 말로/물밑, 공중, 황야, 지옥이라 부"(「이면도로」)를 수밖에 없을 정도의 열악한 조건에서 발생한다. 우리가 살고 있는 지금의 21세기에도 "커다란 눈망울" 예멘 난민 소녀 "살와"가 "폭음에 날아간 지붕과 총성과 피비린내"의 학살과 내전의 참상 속에서 "떨고"(「유랑, 유랑」)있는 부조리한 현실에 대한 분노와 회의에서 시작된다. 특히 "날마다" "멸종위기의 생물종을 기록하는 책"이 "두꺼워져 이제 들기조차 힘들"(「날마다 두꺼워지는 책」)어진 생태론적 종말론적 세계 속에서 "절망의 끈끈이 붙어 있"을 지도 모르는 범인류적이고 문명론적인 차원의 "희망"(「골목혼」) 찾기가 순환적인 시간세계에 대한 목마름으로 나타나고 있다.

다시 말해, 원양희 시인의 곡선적이고 나선적인 시간 의식은, 우리가 살고 있는 "세계"가 "한없이 기울고 있"으며 "벌써 길을 잃었"다는 판단과 동시에 "자꾸만 기울어지는 세계의 균형을 잡으려 안간힘"(「독립영화를 보고 돌아오는 밤」)을 쓰는 속에서 나온다. 원초적인 실존의 고통과 내전, 그리고 범지구적인 생태적 위기 등 21세기에도 여전한 세계의 비극과 참상을 목도하면서 한 책임 있는 인간으로서 "내가 온기를 품고 잠시 지상에 머무는 이유"(「달빛의 혈관」) 찾기와 무관하지 않다. 비록 "한없이 길고 고단한 일"이지만, 소중한 "기억마저 식어가는 시간" 속에서 "마지막 정처"로 향하고 있을 각자의 "생"과 오늘의 문명에 "가장 무거운 바지를 벗"기고 "새 옷으로 갈아"(「한때 열수熱水를 지나온」)입히는 새로운 형식의 시간 또는 전혀 다른 삶의 리듬 찾기가 그녀의 시 세계를 움직여가는 중심적인 시간 의식이다.

따라서 이런 시간 의식 속에서 원양희는 아무렇게나 "버려지고 잊혀지는 것쯤/아무 것도 아닌" 적자생존의 "황량한" 자본주의 "세상"을 함부로 저주하거나 탄핵하지 않는다. 오히려 "굳세어라"(「사십계단, 울먹」)라고 스스로를 위로하고 응원하는 모습이다. 다시 한 번 '시인의 말'을 통해서도 강조하고 있듯이, 가변적이고 불완전한 삶과 세계의 양상을 있는 그대로 받아들이고 사랑함으로써 아름답게 만들고자 지금 여기의 삶에 일종의 강렬함을 부여하고 있는 중이다.

> 방목하는 소 가운데
> 유독 추위에 강한 종種이라 한다
> 대부분 방목소들은
> 세찬 바람 불어올 때
> 비곗살 많은 자신의

옆구리나 엉덩이로 막으며
바람을 등진 채 걸어가다
점차 체온이 내려가
얼어 죽는 일 다반사인데
헤리퍼드라는 소들은
서로서로 어깨를 겯고
칼날 같은 바람 뿔로 들이받으며
한 걸음씩 앞으로 나아간다
혹한의 시기 다 지나도록
한 마리도 얼어 죽지 않는다 한다
—「헤리퍼드의 생존법」 전문

일단의 "방목소들"이 자신들의 목숨을 위협하는 "세찬 바람"이 "불어올 때" "바람을 등진 채 걸어가다/체온이 내려가 얼어 죽"는 것과 달리, "유독 추위에 강"하다는 "헤리퍼드라는 소들"의 대응방식은 그와 정반대다. "비곗살 많은 자신의/옆구리나 엉덩이"로 맹추위를 "막으"려다 끝내 몰살당하기보다 오히려 "서로서로 어깨를 겯"은 채 "혹한"의 "칼날 같은 바람"을 "뿔로 들이받으며/한 걸음씩 앞으로 나아"가는 방식을 택함으로서 생명을 도모한다. 달리 말해, 원양희는 "혹한"을 피하기보다 정면으로 맞서며 생존에 성공하는 '헤리퍼드'라는 소처럼 세계의 무의미함과 불경不敬 때문에 삶을 부정하거나 탄핵하지 않는다. 오히려 피할 수 없는 '혹한'의 삶 자체를 그 자체로 받아들이고 긍정함으로써 비극적인 삶의 드라마를 탄핵하고자 한다.

예컨대 "열 손가락 끝"이 "새카맣게 물들도록" 나물을 다듬고 "마음의 이랑"을 "갈"거나 "매만"(「다듬는 일」)지는 삶의 모습이 그렇다. 특히 이러한 경건하고 겸손한 삶의 자세는 "제 몸을 뭉텅뭉텅 잃어가는" 듯한 "환상통을 앓"(「재개발 A지구」)으면서도 끝내 자신의 삶을 사랑하려는 필사의 의지에서 나온다. 그 무엇보다도 근본적으로 "깊고 어두운 분화구를 지닌"(「달의 영혼」) 인간의 삶이 가진 신성함을 잘 알고 있는 자이기에 가능하다.

> 태양계를 이탈해버린 지구는 어떨까
> 그 하염없음으로 즐겁게 방랑하는 별이 될까
>
> 누구의 딸 엄마 아내 며느리 동서 시누 올케
> 고모 숙모 이모 친구 선배 후배 옆집아줌마… 같은
>
> 정다움이자 괴로움,
> 안식이자 감옥 같은
>
> 나의 태양계를 등지고 싶을 때

나에게 꽂혀 있는 고정핀들 우두두 뽑아버리고 싶을 때
가끔 품어보는 판타지

(…)
서사모아 밀림 속을,
남태평양이 바라다 보이는 유쾌한 해변을
이리저리 풀쩍거리며 뛰어다니는
그런 즐겁고 하염없는 판타지

—「서사모아인」 일부

    소위 "누구의 딸"과 "엄마" 등 복잡하고 중층적인 관계로 뒤얽힌 세계 속에서 자신의 삶의 가치에 대한 질문은 그 안에서 살고 있는 한 원초적으로 불가능하다. 따라서 현재적 삶의 의미를 제대로 판단하려면, 먼저 "정다움이자 괴로움"이고 "안식이자 감옥"인 "나의 태양계를 등지"거나 "나에게 꽂혀 있는" 온갖 "고정핀들"을 "우두두 뽑아버리"는 결단의 시간이 필요하다. 마치 "태양계를 이탈해버린 지구"처럼 "즐겁게 방랑하는" 꿈 또는 "남태평양이 바라다 보이는 유쾌한 해변"과 "밀림 속"을 "이리저리 풀쩍거리며 뛰어다니는" "하염없는 판타지"가 "가끔"씩 요청된다. 정체된 "나"의 삶에 의미를 부여하면서 부정적이든 긍정적이든 새로운 삶의 가치를 창출할 수 있는 또 다른 시간이 "이탈"과 "방랑"의 시간이다.

문득 "죽음이 창 너머로 손짓하곤"하는 "우물보다 깊"으며 "얼음의 늪 같은 우울"의 시간 속에서 "맑고 푸른" "적도 가까이"(「찬란한 바다」)로의 여행이 그 예이다. 현실과의 접촉상실로 인한 실존의 무력감과 과거의 구속에서 벗어나기 위해선, 우리 모두에겐 "몸과 마음이 투명"해지는, "무언가 통과해 가는" "빈터" 또는 "안온한 잠"(「잠풀」)의 시간이 필수적이다. 잠시나마 온갖 "슬픔을 잊"은 채 "천문학자"나 "점성술사"처럼 "별의 운행과 인간의 운명"을 "궁구"(「천문도를 그리는 밤」)하면서 미래를 향한 내면적 생성과 신생의 시간으로의 여행이 우릴 기다리고 있다.

전남 신안군 안좌도 화가 김환기金煥基의 고향이라는 섬에서 하룻밤 지샌다 섬이라는 말이 새처럼 입술을 떠나자 잠들지 못하고 뒤척인다 쟁쟁거리는 달빛이 이불 속까지 들추고 섬에서는 젖무덤 향기가 난다 화가의 아내는 한때 한 시인의 아내였다 하는데, 살면서 생애를 거는 사랑이 단 한 번이 아니라는 것은 참으로 다행하고 아름다운 일, 새와 안개가 사슴과 구름이 달과 항아리가 섬광처럼 서로에게 빠져들 것이다 첩첩 섬들이 천 개의 젖가슴으로 달빛을 향해 솟아오를 것이다 시간이 무너지고 순간은 불멸이 될 것이다 어디서 무엇이 되어 다시 만나랴 천 년 만 년 몸 바꾸어 만날 인연에 아득해시기도 할 것이다 내내 흐르는 저 달빛이나 물살처럼 뒤척이는 이 몸이나 밤새 몸 속 안테나를 섬세하게 키우고 있는 것들은 아마

도 간절히 닿고 싶은 곳이 있어서다 깊이 사지를 뻗으며 곁에
와 눕는 파도소리처럼
　　　　　―「섬과 새와 안개와 달과 항아리가」 전문

　　세계적 화가로 그 명성이 드높은 수화 "김환기"의 "고향"
"섬"인 "안좌도"는 단지 육지와 격리된 하나의 시공간이 아니
다. "달빛이 이불 속까지 들추"며 다가올 정도로 인간 친화적
인 "섬"인 "안좌도"는, 모든 어린 생명체에게 젖을 먹이는 자
비로운 "젖향기"가 넘치는 신비한 대지모신大地母神의 거주
지다. 특히 한 번은 "시인의 아내"로 살다가 "화가의 아내"로
사는 "사랑"과 선택이 가능한 자유로운 섬이다. 그래서 이곳
에서는 "새"와 "사슴" 등 생물과 "안개"과 "구름" 등 무생물이
따로 구분되어 존재하지 않는다. 자연스레 "섬광처럼 서로에
게 빠져"드는 사태가 자주 벌어진다. 그런가 하면 "첩첩의 섬
들이 천 개의 젖가슴"으로 "달빛을 향해 솟아오"르는 신비와
기적이 다반사로 일어난다. 문득 세속의 "시간이 무너지고
순간이 불멸"되는 시간의 무화를 통해서다. 모든 사물들이
하나로 연결되어 "달빛이나 물살처럼 뒤척"이며 "내내 흐르"
는 연동聯動의 시간을 통해 "천 년 만년 몸 바꾸"는 것이 가능
해진 세계의 재구성을 통해서다. 불현듯 "깊이 사지를 뻗으
며 곁에 와 눕는 파도소리처럼" 그 어딘가에 " 간절히 닿고

싶은" 갈망이, 모든 우연을 필연으로 만든 결과다. 결코 아름답거나 "다행"일 수만은 없는 삶의 시간을 더 기괴하거나 추하게 만들지 않기 위해, 서로 다른 사물과 사건의 존재 양상으로 있는 그대로 받아들이고 사랑하려는 '운명애Amor Fati'가 낳은 아름다운 풍경이다.

필시 원양희의 이번 첫 시집의 대표작 가운데 하나일 「인큐베이팅 공원」은 이러한 세계인식의 절정이자 그녀가 이처럼 '간절히 닿고 싶은 곳'의 구체화다. 여기서 그녀는 모든 생명들이 서로 뗄 수 없는 존재의 관계망 속에서 마치 "계절의 크레파스 상자"에서 "부족"했던 "연두와 파랑"(「손바닥을 오므려 빗방울 받아먹거나 꽃대궁의 꿀을 빨거나」)을 구비한 채 온갖 생명의 '인큐베이팅'이 이뤄지고 있는 현장을 생동감 있게 중계하고 있다.

할머니는 의자를 기르는 모양입니다 손바닥으로 내내 쓰다듬으며 무어라 말을 건네면 의자는 순한 짐승처럼 귀를 기울이네요 의자는 나비를 기르는 모양입니다 나비가 발가락을 오므리며 지친 날개를 접는 동안 말없이 가만히 등을 내어 업어주네요 나비는 배롱나무를 기르는 모양입니다 여윈 가지 사이 이리저리 토닥토닥 잦은 안부를 묻네요 배롱나무는 공중을 기르는 모양입니다 몸속 가득 꽃망울 간직한 잔가지들이 공중을 쉼없이 간질입니다 공중은 분수를 기르는 모양입니다 물방울들 반짝거리며 사방 흩어집니다 물방울들은 공원을 기르는 모양입니다 촉촉해진 공원은 아기처럼 옹알거립니다 봄날의 심장이 익어갑니다 봄날의 어깨가 익어갑니다 바람이 꽃씨를 품고 저만치 달아납니다 어여쁘고 환한 것 하나 몰래 기를 모양입니다

—「인큐베이팅 공원」 전문

여기서 각기 사물들은 단지 자기 자신의 세계 구성에만 매몰되어 있지 않다. 마치 할머니가 의자를 기르고 손바닥으로 쓰다듬으며 말을 건네면 그 의자가 순한 짐승처럼 귀를 기울이는 것처럼 각기 활물화된 사물들은 기꺼이 상호구성의 과정에 놓여 있다. 마치 그 의자가 나비를, 그 나비가 배롱나무를, 그 배롱나무가 공중을 기르는 것처럼 각자가 서로의 고유성을 인정하며 서로 상승 작용한다. 어디 그 뿐이겠는가. 마치 공중이 분수를, 분수의 물방울이 마침내 공원을 기르는 것과 같은 무한 순환의 방식으로 서로가 서로의 '인큐베이팅'이 되는 사사무애事事無礙의 세계를 실현하고 있다. 생물과 무생물을 가리지 않고 각기의 사물들이 서로 주고받는 연계와 연기緣起의 관계 속에서 서로 결합되고 고양高揚된 화창한 '봄날'을 맞는다. 만물들의 본질현현을 가능케 하는 숨겨진 본체이자 세상과 사물들이 친밀성 속에서 감응하는 자리가, 다름 아닌 그새 어여쁘고 환한 꽃을 몰래 기르고자 여문 꽃씨를 품

고 저만치 달아나는 바람이 불어오는 곳이 공원이다.

하지만 과거와 미래를 연동시켜 나가는 황홀경의 '순간Augenblick'이자 본래적인 시간성으로서 "수천 겹 겹쳐지는 연緣의 신비"(「공진共振」)사태는, 결코 측정 가능한 일상적 시간에 일어나지 않는다. "언젠가 한 순간 한 번은 반짝거렸을 것"(「수제비」)이라고 생각할 만큼 눈 깜짝할 사이와 같은 극히 짧은 시간에 나타난다. 불현듯 "빗방울 뽕짝을 듣"다가 "울먹"(「사십계단, 울먹」)하거나 "새"가 "후박나무 끝"을 "쥐었다 놓"는 순간의 "떨림"(「저런 반짝임」) 혹은 무심히 "마른 밥을 삼키다" "울컥 소스라치"거나 제 의지에 상관없이 찰나적으로 불끈 돋아나는 "그리움"(「쌈배추」) 속에서 불현듯 발생한다.

중요한 것은, 그러나 언제나 현재인 이러한 순간의 시간 속에서 "내가 봄날인지/봄날이 나인지"(「이번 봄날에는」) 자기를 벗어나서 다른 것에로 자신을 넘기는 탈자태Ekstase 사태가 일어난다는 점이다. 즉 순간이 영원의 빛 속으로 "스쳐가는" 이러한 "순간"적인 사태 속에서 "욕창"이 걱정될 정도로 하루 종일 발가벗긴 채 '노인복지관'에 누워있던 어느 노인은 창조주의 흔적으로서 "아기 예수님"이 된다. 마치 "햇살"과 "먼지"가 서로의 존재를 드러내듯 "서로의 순간을 증명"하는 "애틋"함 속에서 그 병약한 노인을 돕던 "백발"과 "틀니"를 한 동료

노인들은 "소년"과 "소녀"로 변신한다. 다시 말해, 우린 잠시나마 일상적 자아에서 벗어나 격정적으로 솟아오르는 영혼의 연대감과 고양감을 통해 각기 실존의 한계를 넘어 "순간순간 메리~ 메리~ 살아있는 모든 순간들이 생일生日"(「노인복지관 크리스마스」)이 되는 초월적 희열의 세계로 넘어갈 수 있다.

다시 말하지만, 그러나 "창을 열자" "나"를 "내려다"보는 "커다란 눈동자"의 "검은 동공 속으로 한없이 빨려들 것만 같"은 '순간'은 어떤 것이 발생해 지나가거나 또 대상처럼 존재하는 측정가능한 시간대 안의 한 시점을 가리키지 않는다. 찰나처럼 나타났다 사라지는 지금das Jetzt이 아니라 그 "눈目에서 눈雪이 쏟아"지는 "기적" 같이 도래한 사태를 지시한다. 그러니까 "내가 닿지 못한 미답의 땅에 대해"서 잠시 "마음의 까치발을 세우고" "애가 타게" "서성이는 시간"은, 다름 아닌 "수백만송이" "눈송이"처럼 밀려오는 개인적인 "고독"과 그 "막막함", 그 이름 모를 "그리움의 온도를 알"아가는 각성의 순간이다. 그리고 동시에 "뜨거운 찻잔이 순식간에 식는" "추운 밤", "파랗게 얼어붙어 있을" "초라한 얼굴" 혹은 "오랜 쓸쓸함의 소굴"인 "너의 입술 속으로" "무얼 줄 수 있을까 생각하는" "한 순간"을 의미한다. 무엇보다도 "한 번도 겪지 못하였을" 낯선 타자의 "살갗" 또는 "파랗게 얼어붙어 있을 너의 입술 속으로" "서슴없이 망명"(「수제비」)해가는 탈자적 순간이 원양희가 주목하는 궁극의 '순간'이다.

원양희 시인은 이러한 의미의 탈자적 시간을 통해 우주적 대시간으로서 '오래된 미래', "고생대" 돌아가되 동시에 "우주정거장을 돌아온" '반대일치'의 "무량무량"(「정류停留」)한 시간으로 귀의하고자 한다. 그리고 그럼으로써 현재와 과거 그리고 미래 사이의 단절을 연속성으로 뒤바꾸고 전혀 이질적인 세계들을 통합하고 화해시키며 "별빛이 우렁우렁 소리라도 칠 것 같은", "끝없는" "무한함"과 "사랑스러움"이 "언제나" 감동과 감사의 "눈물"을 부르는 "아주 먼 곳"(「눈물의 나라는 참으로 신비로웠다」)으로 귀향하고자 한다.

원양희 시인이 지극히 평범하고 무사한 일상 속에서 돌연 솟아나는 알 수 없는 섬광에 의미를 부여하고 '영원한 현재'로 정지시키는 '원시반복'의 시간의식을 통해서 새삼 서정시의 가능성을 탐색하면서 '다시 구원'(이성희)을 꿈꾸는 까닭이 여기에 있다. 그야말로 '아주 먼 곳'으로서 "깊은 침묵으로 환호"하되, "솟구치는 피울음 속에서도 빛나는 서로의 눈빛을 간직하고" 있는 '신성한' "숲"(「신성한 숲」)으로 가기 위해선 현재의 사태에 그 중심을 두되, 앞으로 달려가면서(미래) 처음의 순간(과거)으로 극적인 방향전환을 꾀하는 데는 '가장 위험스런 보물'(하이데거)인 시가 가장 적절한 양식인 까닭이다. 과거와 미래, 현재를 관통하며 근원의 시간과 역사를 정초하는 시적 순간을 통해, 비로소 우리가 어느새 잃어버린 원초적 우주의 모태母胎로 귀성할 수 있는 까닭이기도 하다.

    우주도 늙으면 이런 냄새가 날까요 젖은 장작더미 냄새가 나요 낡은 책장을 넘기자 쉼표만한 벌레가 기어가네요 뼛속까지 투명한 고독을 지닌 이여, 무수한 자간과 행간이 그대의 우주인가요 산다는 것은 이렇게 광활함을 견디는 일인가요 아무도 펼쳐주지 않는다 하여 고요하기만한 생이 어디에 있을까요 심연의 가장자리를 넘나들다 미쳐버린 철학자의 사유를 파먹으며 누군가 쳐놓은 밑줄에서 운명애運命愛를 알아버렸나요 우렛소리 아득한 숲의 기억 아주 쬐끔씩 갉아먹고 있었나요 밤의 물음표는 너무 커요 뱃가죽을 밀며 꾸역꾸역 넘어가는 새벽의 문장 가운데서 마주쳤네요 음울한 허밍으로 쓸쓸한 곡조로 짧은 만남을 기념해요 지독히 외로운 자들끼리만 알아들을 수 있는 암호문, 오래된 주문같이 시詩를 읊어요 어느 생애를 지나 연잎 위 물방울로, 눈썹 스치는 눈송이로 해후할 수 있을까요 우리가 나누는 이 낡은 서정抒情이 어쩌면 지금 막, 우주를 울릴 지도 몰라요
                        —「책장을 넘기다가」 전문

먼저 "뼛속까지 투명한 고독을 지닌" 시인들이 '무수한 자간과 행간'으로 구성된 "우주"를 살며 그 우주의 "광활함을

견"딜 수 있는 힘은 다른 데서 오지 않는다. "아무도 펼쳐주지 않는" "고요"의 깊이 또는 각기 각성된 존재로 진리를 꿰뚫어보고자 하는 열망에서 온다. 때로 인간과 세계의 가장 깊은 "심연의 가장자리"를 감히 "넘나들다" 마침내 "미쳐버린 철학자" 니체처럼 더러 광인 또는 폐인이 되기도 하지만, "우렛소리 아득한 숲의 기억"과 "밤의 물음표"로 대변되는 우주의 근원 또는 세계의 신비에 다가가고자 하는 의지가, 각기 시인들을 "지독히 외로운 자들끼리 알아들을 수 있는 암호문" 또는 "오래된 주문 같은 시詩를 읊는" 것을 기꺼이 자신들의 "운명애"로 받아들이도록 한다.

그렇다고 오늘날 온갖 고난과 희생을 감수하면서 존재의 심연에 뛰어드는 위험한 시적 모험을 통해 탄생한 시인들의 시들이 그다지 환영받는 것은 아니다. 신적 영감에 의지하던 고대세계와 달리, 인간 중심의 자본주의적 근대체제 속에서 시의 위상이 급격이 추락되어 있는 형편이다. "뱃가죽을 밀며 꾸역꾸역 넘어가는 새벽"에 "마주"친 "문장 가운데"엔 어쩔 수 없이 "음울한 허밍"의 "쓸쓸한 곡조"가 스며들어 있는 것은 그 때문이다. 하지만 그럼에도 불구하고 우리가 여전히 "연잎 위의 물방울" 또는 "눈썹을 스치는 눈송이"와의 "해후"를 꿈꾸는 것은 다른 이유나 각기 시인들의 특별한 사명감 때문만이 아니다. 그처럼 덧없고 '미소한 것'들 속에 우릴 미래로 나아가게 하면서 문명의 시초로 되돌아가게 하는, 값으로 따지거나 무슨 척도로 평가할 수 없는 생의 근원적 도약점이 숨어 있다고 굳게 믿고 있기 때문일 것이리라.

참고로, 필자가 그런 원양희라는 이름의 시인을 처음 안 것은 어느 지역에서 힘들게 내고 있는 시 잡지를 통해서였다. 매년 발표된 시를 대상으로 한 앤솔로지에 실릴 시를 나름대로 선별하면서, 그때까지 전혀 낯설었던 시인의 시 「인큐베이팅 공원」과 만났다. 그러면서 '이렇게 좋은 시를 숨어서 쓰는 시인도 있구나' 생각하며 시 해설을 한 바 있다. 놀라운 일은, 그 후였다. 어느 날 전화 통화를 통해 본인이 원양희 시인이라면서 첫시집 해설을 부탁해 왔다. 그리고 부산의 '신생' 출판사에서 필자와 본인이 만난 적이 있으며, 바로 그 출판사의 안주인이라고 밝혔다. 그때서야 필자는 한두 번 만난 자리의 뒷전에 있는 듯 없는 듯 앉아 있다가 물러나고 하던 그녀의 모습을 가만 떠올렸다. 하지만 솔직히 원양희 시인과 첫 통화가 이뤄지기까지 필자가 그녀의 이름이 원양희라는 것을 알 도리가 없었으며, 무엇보다도 더욱이 그녀가 지금껏 자신의 뛰어난 시력을 오래 감춘 채 세상을 응시해 온 '시인'이라는 사실을 전혀 몰랐다는 것을 여기 밝혀둔다.

각설하고, 원양희 시인은 이제 필자에게 "부산 원도심 사십계단 테마거리의 '중앙동 글래머'라는 청동여인"상이 "전사처럼" "공공"의 "세계"에서 "당당"하게 "아이들"에게 "젖을 물리는 동안", 그런 "여인 바로 곁에 있는 건물" "201호"에 둥지를 튼 "출판사"의 불투명한 "'전망'"(『전망 좋은,』)처럼 희미한 흔적으로 통해 숨은 듯 드러나고 드러날 듯 숨어있는 반투명의 시인으로 다가온다. 무슨 "알록달록 장식처럼/무수한 레테르"를 단 채 "웃고 떠드는 공허한 세속"보다 그 "어떤 환상도", "특별할 것"도 "없"이 "타고난 대로 있는 그대로" "살게 하는" "부드"러운 "경계"의 "투명함"(『특별할 것 없는 그 뺨을』)을 지닌 시인으로 각인되고 있다. 하지만 설령 "머리통"이 "잘려나가도 굽히는 법 없"이 "소신 있고 늠름한 부처"의 형상과 더불어 "없는 듯" "어수룩 모자란 듯" "평범한" 사람으로 "살다가" 문득 "성불成佛하는"(『싱거운 마애불』) 불굴의 내면의 힘을 동시에 가진 시인이 원양희다.

부산은 사상적으로 윤노빈의 '신생철학'을, 시학적으로 김준오의 '시론'을 그 뿌리로 삼고 있는 한국 제2의 도시다. 그리고 "전직이 시인이라는 늙수그레한 남자"와 "종일 덩그러니 앉아"서 "늘" 방문객들을 "기다리고"(『전망 좋은,』) 맞이하는 도서출판 '전망'이 그들의 정신을 이어가는 문화적이고 문학적인 거점으로 자리하고 있다. 하지만 필자에게 이제 '부산'은 순우리말로 크고 우묵한 솥을 의미하는 역사성이나 정신사의 도시만이 아니다. 바로 그 도시에 "아주 먼 곳에서 온" 것 같은 "미소"(「금요일의 명상」)를 가만 짓고 있되, 세상의 소음에 "깊이 귀 기울이는 것"을 "가장 큰 지혜"로 삼고 "예지의 숲"과 "제" "신성한 이력"을 향해 "아득히 일렁"이는 "눈"(「슬픈 눈」)을 가진 원양희 시인이 살고 있는 도시다. 육이오 한국전쟁 기간 동안 피난민 모두를 먹여 살렸던 그 '부산'에 아주 '오래된 미래'의 큰 시적 '가마솥'을 건 채. 그러나 끝까지 "하고픈 말은 심장 안쪽 깊숙이" 감춰둔 채 가만 "맑고 푸른" '신생'의 "적도 가까이"(「찬란한 바다」) 다가가고 있을 그녀가.